COURONNEMENT

DE

NOTRE-DAME-DE-LODÈVE.

COURONNEMENT

DE

NOTRE-DAME

DE

LODÈVE

LODÈVE

TYPOGRAPHIE DE GRILLIÈRES, GRAND'RUE.

1861

Extrait du journal l'*Écho de Lodève*.

———————

Le culte de Marie, à Lodève, remonte aux premiers siècles de l'Église, et c'est à la première page de son histoire religieuse qu'il faut rechercher les commencements de cette dévotion aimée. C'est là un fait qu'attestent nos monuments et nos traditions chrétiennes, et si nous jetons un regard sur la longue et glorieuse série de nos évêques, nous en trouverons un grand nombre dont l'ardente piété protégea ce culte de confiance et d'amour,

et en favorisa l'accroissement. On sait combien le bienheureux Fulcran, notre protecteur
et notre saint, aima Marie, et tout ce qu'il
fit pour la Reine des Cieux. En 1388, Fré-
déric Cassinel, évêque de Lodève, fit établir
une fête solennelle en l'honneur de l'Immaculée Conception de Marie, et l'un de ses suc-
cesseurs, le célèbre François de Lévi, jeûnait
tous les samedis, pour obtenir, par l'inter-
cession de la bonne Vierge, la grâce d'une
sainte mort. Du reste, j'abrége les citations;
elles se pressent en trop grand nombre sous
ma plume.

Ce culte de Marie, si cher à nos pères,
n'a rien perdu de son antique splendeur parmi
nous, et, quand fut promulgué le dogme con-
solant de l'Immaculée Conception, la ville de
Lodève fut une des premières à élever, sur une

de ses places, un gracieux monument pour en perpétuer le souvenir, et elle y voulut graver, comme pour rattacher son amour à l'amour de ses ancêtres, les belles paroles que St. Fulcran aimait à redire à Marie : *præclara, gloriosa Mater Dei, digna flos virginitatis, Virgo, Regina.*

Personne n'a oublié l'imposante manifestation religieuse qui eut lieu, à cette occasion, dans notre ville, et le récit de cette fête magnifique est un des souvenirs aimés qui réjouissent nos populations. La journée de dimanche devait raviver ce souvenir et nous refaire une joie pareille à cette joie.

Notre saint et héroïque pontife **PIE IX** avait daigné accorder à Lodève ce grand et doux

privilége de poser une couronne sur le front
de la Vierge Marie; et, après avoir honoré
de son approbation et de ses indulgences, en
1859, l'érection du monument de la place
Broussonnelle, il a voulu bénir lui-même,
en 1861, cette couronne si précieuse à tant
de titres. La vieille cité de Fulcran s'était
soulevée tout entière pour escorter cette couronne, formée de douze étoiles d'or en forme
d'auréole, jusqu'à la statue qu'elle devait si
noblement et si gracieusement orner. La plus
pure allégresse rayonnait sur toutes les phy-
sionomies, et chacun avait voulu contribuer
à rendre plus pompeux le triomphe décerné
à Marie. Les jeunes filles de Lodève, vêtues
de blanc, ouvraient la marche de la pro-
cession qui parcourait les boulevards au
son joyeux des cloches; et, au milieu de leurs
longues et ravissantes files, le regard ému s'ar-
rêtait sur les touchants emblèmes de nos mys-
tères catholiques; ici, c'est la virginité repré-

sentée par de jeunes enfants portant des lys d'argent; là, c'est la religion avec un diadème au front, un calice d'or à la main et la croix du Sauveur sur l'épaule; c'est la foi enveloppée du voile noir, symbole des saintes obscurités qui l'environnent; c'est l'espérance, ornée de la couleur verte, qui signifie espoir; c'est la charité, parée de rouge, pour rappeler les flammes du dévouement chrétien; plus loin, c'est le beau pavillon porté par les enfants des Frères, sous lequel une ingénieuse pensée a groupé autour d'une montagne, souvenir pieux du Calvaire, les vases sacrés qui servent à l'adorable sacrifice et les attributs du sacerdoce catholique, et après les congrégations religieuses des Sœurs de la Charité, des Dames de Nevers et des filles auxiliatrices; après les deux confréries des pénitents, qui nous accoutument à tant de zèle; après l'Orphéon de Lodève, qui prêtait à cette fête tout l'éclat de ses chants harmonieux, voilà l'image de Marie sur un trône magnifique avec l'auréole d'or à ses pieds ; autour de ce trône, la congrégation des demoiselles porte des oriflammes de toutes couleurs avec les invocations pieuses des litanies brodées en lettres d'or ; et, plus près encore du trône, sous le doux regard de Marie, voilà tout un essaim de petites filles de l'âge le plus tendre et vêtues de blanc et de bleu, qui présentent des fleurs et leur cœurs si innocents, si purs, au modèle de l'innocence et de la pureté ; puis, c'est un clergé nombreux, paré de belles chapes d'or, et le vénérable archiprêtre de St-Fulcran qui préside la fête en l'absence du bien aimé et illustre évêque de Montpellier, forcé, à son grand regret, d'être loin de nous en ce jour.

Monsieur le Sous-Préfet, M. le Président du tribunal, M. le Maire, M. le Commandant et

M. le Capitaine de la gendarmerie, M. le Substitut du Procureur impérial et MM. les Membres de la Société de Saint-Vincent-de-Paul avaient pris place sur l'estrade élevée en face du monument, sur la place Broussonnelle, où tout le cortége de la Vierge vient se grouper après les stations d'usage. Celui qui écrit ces lignes avait accepté l'honneur de prendre la parole en une si belle fête; mais, trahi par sa voix et par ses forces, il n'a pu, devant l'immense auditoire qui se déroulait devant lui, que dire en peu de mots les gloires et les grandeurs de la couronne d'or qui allait être posée sur le front de Marie, au nom du magnanime Pie IX, au nom de Mgr Le Courtier, évêque de Montpellier; au nom de l'Archiprêtre et du Clergé de Lodève, au nom de la cité dont tous les enfants étaient présents à cette solennité, et un cri général, un cri sorti de toutes les poitrines, a répondu à ses paroles : Vive Marie, Vive Pie IX.

Après la lecture du bref pontifical autorisant le couronnement de la Vierge, un prêtre, qui gardera fidèlement dans son cœur ce souvenir heureux de sa vie, a reçu à genoux l'auréole des mains de M. l'archiprêtre, et a gravi, au son des cloches et au chant des cantiques, jusqu'au sommet du monument élégamment décoré, pour la déposer sur la tête de celle qui sera désormais appelée la Reine de Lodève ; et, toute l'assistance étant tombée à genoux, M. l'archiprêtre a récité la prière suivante :

O Marie, Vierge immaculée, Mère de Dieu et notre mère! les paroles nous manquent pour vous témoigner combien nous sommes heureux de placer sur votre front virginal cette auréole de douze étoiles, par laquelle nous vous reconnaissons pour la souveraine du ciel et de la terre.

Jusquà ce jour, nous vous admirions revêtue du charme céleste de votre immaculée Conception ; nous vous aimions portant dans vos bras maternels le fils de Dieu, dont la grâce vous embellit comme la fleur épanouie pare la tige qui la supporte ; mais aujourd'hui nous nous inclinons avec bonheur aux pieds du trône de votre royauté, au plus haut des cieux, où le soleil est votre vêtement, la lune votre marchepied, les étoiles votre couronne.

Agréez l'offrande solennelle d'une cité dont vous êtes la première patronne, la mère et surtout la reine. Abaissez sur elle un de vos regards pleins de miséricorde et d'amour.

Bénissez le pontife généreux, l'immortel Pie IX, qui vient de nous octroyer un si grand bienfait.

Bénissez le nouveau pasteur de ce diocèse qui, quoiqu'absent de corps, est présent parmi nous d'esprit et de cœur.

Bénissez ce clergé généreux, plein de vertus et de mérites.

Bénissez ces magistrats, ces militaires qui vous honorent.

Bénissez ces pieux fidèles qui vous chérissent, cette population laborieuse, fière de vous appartenir et de donner, par une manifestation si éclatante, la mesure de l'antique foi dont elle est animée.

Soyez, ô Vierge immaculée, notre patronne, notre mère et notre reine pour le temps et pour l'éternité.

La bénédiction du St-Sacrement a terminé cette grande solennité, qui demeurera célèbre dans nos annales religieuses. Une brillante illumination générale a prolongé dans la nuit ce triomphe éclatant, décerné à l'auguste Vierge, et a dit la joie universelle de ce bon peuple de Lodève, si fidèle aux grandes traditions de son histoire et si profondément dévoué à Dieu et à Marie.

L'abbé H. REYNIS.

Lodève, Typographie Grilhières.

www.ingramcontent.com/pod-product-compliance
Lightning Source LLC
LaVergne TN
LVHW010908180726
843502LV00010B/4037